フットサル＆サッカー
1週間で右も左も自由自在 両足キッカーを目指せ!! 改訂版

プロローグ・インタビュー　Part1
なぜ両足キッカーを目指すのか？
"世界"を目指すための
ファーストステップ

これからは両足キッカーが「世界のサッカーの基準」になる！
一流選手はどちらが利き足か判らないほど、
両足ともにクオリティの高いボールを蹴り、プレーしている。
世界のファンタジスタと戦うために今こそ、
両足キッカーを目指そう！

米山隆一

近年、ワールドカップ（W杯）等の国際試合を観戦し、世界のサッカーは21世紀に入ってから劇的な進化を遂げたと感じます。各国のトップ選手たちのプレーを見て、もはや人間が持てるサッカーの技術は限界に達したのではないかと思うことさえあります。

　日本人は器用ですし、選手の技術レベルが世界に追いつく日は近いでしょう。しかし、身体能力は10年、20年では追いつきません。身体能力で劣る日本人選手が世界で渡り合うためにはプレーの「幅」、言い換えれば「選択肢」を増やすほかないのです。

　では、プレーの幅を増やすにはどうすれば良いでしょう？　その答えは簡単。右利きの選手は左足でも同じレベルのボールを蹴れるようになること。これだけでプレーの幅は2倍、3倍と増えていきます。

片足だけでサッカーができる時代は終わった！

　右利きのプレーヤーが大半を占める中で、左利きのプレーヤーはその独特なリズムが効果となり、右足が苦手でも通用してしまう現実があります。ですが、右足1本に頼っている選手はもはや世界では通用しなくなっています。

　ただ、早くから両足で均等に蹴るためのトレーニングを実践している指導者は多くはありません。どの指導者も頭の中では両足キックの重要性は解っているのですが、実際にどのように指導したらいいか知らないからです。しかし、教えるべき内容は実にシンプルなものなのです。

　具体的な教え方は小学生、中学生、はたまた社会人と年代ごとに変わってきますが、共通して指導するポイントはサッカー経験のある人なら誰でも簡単につかめるもの。この本でくわしく内容を紹介していきますが、はじめは「それだけでいいの？」と思うはずです。しかし、そのメニューをやることで、左足が苦手だった選手は劇的にキック力とボールコントロール力が向上します。

　小中学生を見ているほとんどの指導者の方が「たくさんボールを蹴りなさい」と子供たちに教えています。僕もこの意見には基本的に賛成です。たくさん蹴ることによって、キックの感覚を身体が自然に覚えてくれるからです。

両足キックが可能なら
プレーの選択肢が増える！

 ただ、間違った蹴り方でたくさん蹴ってしまうと、間違ったままのフォームで固まってしまいます。また、たくさん蹴るといっても、右足ばかりで蹴っていると右足が「蹴る筋肉」で構成されてしまいます。これでは左足で蹴る際、右足が「支える筋肉」になってくれないため、バランスを保つのが難しくなります。正しいフォーム、もしくは自分に合ったフォームを身につけた上で、たくさん蹴る練習をするのがベターでしょう。

 この本は単に「左足で蹴れるようになる」ことだけを目的としたものではありません。左足に自信を持つことによって、プレーの幅を無限に拡げていくのを目的として書いた本なのです。

 いわゆる「良い選手」は引き出しを多く持つプレーヤーのこと。右足だけの選手は状況によって選択できるプレーの種類も少なく、当然「良い選手」にはなれません。両足キッカーになることは、一流選手へのファーストステップなのです。

プロローグ・インタビュー　Part2
日本代表でもミスをする…
両足で蹴ることができれば状況判断で迷わない！

左足に自信のない選手は状況判断を誤り、
わざわざ苦しい体勢の中で右足に頼ってプレーしてしまう。
それではシュートやパスのタイミングを逸してしまい、
味方が作ったチャンスを潰すことになりかねない。

　日本人選手の中にも、高い技術を持つ両足キッカーがいます。そのような選手は、どちらの足でもほぼ同じ強さ、精度でパスやシュートを行なうことができます。

　両足で蹴れる選手に対して、右足でのプレーに頼りがちな「A」という選手がいたとしましょう。両足で蹴れる選手はキープ時に、ボールを身体の真ん中に置きますが、A選手は右足でプレーをしやすくするために、ボールを身体のやや右側に置くことが多くなります。

　この時点で両者には決定的な差が生まれています。両足で蹴れる選手は、両足で左右どちらにも1歩でパスを出すことができます。しかしA選手はボールを身体の右側に置いているため、右方向へのパスに片寄ってしまうのです。

　左方向にパスを出すには、ボールを身体の左側へと持ち換えなければなりません。

日本を代表する両足キッカーといえば小野伸二選手。状況判断の早さが光る

この一瞬の無駄な動きによって、パスやシュートを打つタイミング、はたまたドリブルで仕掛けるタイミングを失ってしまうの

左足をマスターすればパス&シュートのタイミングを逃さない

です。また、相手DFにボールに詰める時間を与えることにもなり、ボールを奪われるリスクも高まるのです。

両足で蹴れる選手は全方向へ瞬時にボールを蹴ることができます。そのため、マンマークにいっても、DFは右や左にコースを切り、動きを限定することができません。自らのプレーに制限を作ってしまい、相手に動きを読まれていたA選手より、両足で蹴れる選手は1ランク上の選手と言えるでしょう。

かつて、W杯で象徴的なプレーがありました。2006年W杯ドイツ大会、日本対クロアチア戦での柳沢敦選手のシュートです。後半に入ってのビッグチャンス。右から入ってきた低いセンタリングに対して、柳沢選手は抜群のタイミングでファーサイドに走り込んできました。あとはボールを確実にゴールに蹴るだけでした。

しかし、柳沢選手は右足アウトサイドという難しいシュートを選択してしまい、意図しない方向へボールを蹴ってしまいました。ボールは枠から大きく外れ、日本代表は唯一と言っていいチャンスを潰してしまったのです。

大舞台ということで、柳沢選手にゴール前での落ち着きがなかったのもたしかです。あわてて判断をしてしまったため、自分がもっとも信頼している右足で、難しいシュ

ートの方法を選んでしまいました。しかし、彼が自分の左足を信頼していたなら、あの場面では右足でのシュートを選択していなかったはずです。

落ち着いて左足のインサイドで蹴っていれば、確実にゴールが決まったでしょう。両足で蹴れない弊害が、W杯というもっとも大きな大会で現れてしまいました。

両足で蹴れるかどうかは、これからプロを目指す選手に問われる資質となります。高校生、大学生からでも左足をマスターすることは可能ですが、ここまで完成に近づいた選手は、実際の試合の中で左足を使うことがなかなかできません。いざというときは右足に頼るクセが、いつのまにかついているからです。

やはり小学生、遅くとも中学生までに両足がほぼ同じレベルで蹴れる選手にならないと、将来プロでは通用しないでしょう。これだけ若いうちに両足で蹴ることを覚えれば、試合で自然と左足でのキックを出せるようになります。

そのような選手は「右しか蹴れない」「つい右足に頼ってしまう」と感じることもなく成長できます。多くの選手がかかえるコンプレックスを経験せずに済む。この差は大きいと思います。

両足で蹴れるかどうかは
プロを目指す上での最低条件

フットサル&サッカー 1週間で右も左も自由自在 両足キッカーを目指せ!! 改訂版

DVDを見てうまくなる！

米山式トレーニング法で日本中のサッカー選手が両利きに!?
「両足キッカー」60分スペシャルDVD！

「両足キッカー」を目指すキミへ、
選手育成のスペシャリスト米山隆一による
両足キッカーになるためのスペシャルレッスン。
トレーニングメニューはもちろん、実際の選手への指導、
実戦で役立つ応用プレーなど
盛りだくさんのコンテンツを収録している。
DVDを見ながら今すぐトレーニングしよう！

DVD収録メニュー

トレーニング編：苦手な足でキックしてみよう！／右腕の動きをマスターしよう！／腕の動きと踏み込みを連動させよう！／ヒザ下のスイングをシャープにする！／キックモーション中の視点を意識する！／蹴り足をしっかりと固定しよう！／走り込みの角度を意識しよう！／フォロースルーの動きをスムーズに！／ケガ予防＆ボディケアのためのストレッチ／**ビフォー＆アフター編**：フォームの問題点を修正！その成果は…／**応用編**：ボールを保持した際の視野とキックのコース／タッチライン際での前方へのパス／左サイドでの縦突破のモーション／右サイドでの切り返しからの展開／クロスボールからシュートへ／自陣に戻りながらのディフェンス／クロスボールに対する守備

付録DVDの操作方法

この付録DVDは写真のトップメニューより、ALL PLAY〈収録されている本編すべてを見る〉、トレーニング編、ビフォー＆アフター編、応用編をそれぞれ選択できます。はじめはALL PLAYからご覧頂き、その後、ご自身の用途に合わせて各項目を選び映像をお楽しみ下さい。

● **〈トレーニング編〉**
キックテクニック上達のための基本トレーニングです。

● **〈ビフォー＆アフター編〉**
左足キックが苦手なプレーヤーの問題点を修正します。

● **〈応用編〉**
左足のプレーを活用した実際のゲームでの動きを解説します。

各ボタンの説明
上の写真の画面（TOPメニュー）から各項目ボタンをクリック操作することで、それぞれの収録映像メニュー画面にジャンプします。メニュー画面では同様にお好みの項目をクリックして進み、映像をお楽しみ下さい。

なお、各メニュー画面からは各メニュー画面の「戻る」をクリックすることによって、上の写真のTOPメニューに戻ることができます。

■注意■

本書の付録DVDはDVD-Videoです。DVD-Videoは映像と音声を高密度に記録したディスクです。DVD-Video対応プレーヤーで再生してください。本DVDはDVD-Video対応（専用）プレーヤーでの再生を前提に製作されています。DVD再生機能を持ったパソコンでも再生できますが、動作保証はできません。あらかじめご了承ください。ディスクの取り扱い、操作方法に関してのご質問・お問い合わせは、弊社は回答に応じる責任は負いません。くわしい再生上の取り扱いについては、ご使用のプレーヤーの取扱説明書をご覧ください。ご利用は利用者個人の責任において行なってください。本DVDならびに本書に関するすべての権利は、著作権者に留保されています。著作権者の承諾を得ずに、無断で複写・複製することは法律で禁止されています。また、本DVDの内容を無断で改変したり、第三者に譲渡・販売すること、営利目的で利用することは法律で禁止されています。本DVDや本書において落丁・乱丁、物理的欠陥があった場合には、TEL 0480-38-6872（注文専用ダイヤル）までご連絡ください。本DVDおよび本書の内容に関するご質問は、電話では受け付けておりません。恐れ入りますが、本書編集部まで葉書、封書にてお問い合わせ下さい。

フットサル&サッカー 1週間で右も左も自由自在 両足キッカーを目指せ!! 改訂版

目次 CONTENTS

プロローグ・インタビュー
- PART.1　"世界"を目指すためのファーストステップ……………………2
- PART.2　両足で蹴ることができれば状況判断で迷わない！……………5

付録DVDについて……………………8

トレーニング編
10メニューで苦手な足を鍛えよう！

- ポイント　なぜ左足で上手く蹴れないのか？……………………12
- MENU.1　苦手な足でキックして欠点を知ろう……………………18
- MENU.2　得意な足・苦手な足のフォームを確認する……………20
- MENU.3　右手の動きをマスターしよう!!……………………22
- MENU.4　腕振りと踏み込みを連動させてみよう……………………24
- MENU.5　ヒザ下のスイングをシャープにする……………………26
- MENU.6　キックモーション中の視点を意識する！……………………28
- MENU.7　蹴り足をしっかりと固定させてみよう！……………………30
- MENU.8　走り込みの角度を変えて蹴ってみよう……………………32
- MENU.9　フォロースルーの動きをスムーズにする……………………34
- MENU.10　ケガ予防&ボディケアのためのストレッチ8……………36
- まとめ　いろんなボールに対処して蹴ってみよう……………………38

ビフォー＆アフター編
フォームの問題点を修正！その成果は…

ポイント	うまく蹴れないのには必ず理由がある！	42
CASE.1	バランス向上のため右腕の使い方を修正	44
CASE.2	強いキックのために体重移動を修正	46
CASE.3	スムーズさを生み出す助走の進入角度を修正	48
CASE.4	ボールをとらえるため蹴り足の振りを修正	50
CASE.5	DFへの対処のためキック前の視線を修正	52
CASE.6	上げた右手の形を「グー」から「パー」へ	54
まとめ	上達を確認するためのCHECK POINT	54

実戦＆応用編
両足キックが試合でどう役立つか検証！

ポイント	両足で蹴れると実戦でどう役立つ？	58
MENU.1	ボールキープ時の視野とキックのコース	60
MENU.2	タッチライン際での前方＆中央へのパス	62
MENU.3	左サイドでの縦突破＆シュートのモーション	64
MENU.4	右サイドでの切り返しからの展開	66
MENU.5	クロスからのシュート・ニアへの走り込み	68
MENU.6	クロスからのシュート・ファーへの走り込み	70
MENU.7	自陣に戻りながらのディフェンス	72
MENU.8	クロスボールに対するディフェンス時の処理	74
まとめ	両足で蹴れなければ「フェイント」も決まらない	76

エピローグ … 78
著者紹介 … 79

Column
1. 両足を自在に操ったジダンは最高のお手本 … 40
2. 両足が使えると1対1のディフェンスが強くなる … 56

本書でのプレーの説明について
各項目に出てくる「右」「左」といった表現は基本的にボールを持っている選手から見たものです。また、基本的に右利きの人を想定して説明していますが、左利きの人は左右を入れ替えてやっても問題ありません。

本書とDVDの活用法
本書で紹介するトレーニングやプレーの中から厳選したメニューを付録DVDに映像として収録しています。DVDに収録されているメニューは、各項目ページにDVD収録マークで表示しています。

トレーニング編

10メニューで
苦手な足を鍛えよう!

MENU.1
苦手な足でキックして欠点を知ろう

MENU.2
得意な足・苦手な足のフォームを確認する

MENU.3
右手の動きをマスターしよう!!

MENU.4
腕振りと踏み込みを連動させてみよう

MENU.5
ヒザ下のスイングをシャープにする

MENU.6
キックモーション中の視点を意識する!

MENU.7
蹴り足をしっかりと固定させてみよう!

MENU.8
走り込みの角度を変えて蹴ってみよう

MENU.9
フォロースルーの動きをスムーズにする

MENU.10
ケガ予防&ボディケアのためのストレッチ8

トレーニング編●ポイント
なぜ左足で上手く蹴れないのか？ Part1

サッカーを始めたころから両足で正確に蹴れるような「天才」は存在しない。
最初はどうしても利き足を中心にキックしてしまうのが一般的。
ただ、いつまでもその状態が続くと、利き足の逆が「苦手」となってしまうのだ。
そしてコンプレックスが芽生えてしまい、試合で苦手な足が使えなくなる。
そんな苦手意識をなくすためにも、正しい練習が必要だ。

■バランスが悪いと思うように蹴れない

人間はそのほとんどが「右利き」か「左利き」のどちらかに大別できます。はじめから「両利き」の人間などそう多くはいません。たとえば右利きの人に短距離走のスタートの構えをとってもらいます。そうすると、下の写真のようにほとんどの人が右足を引いて構えます。誰に教えられたわけでもなく、本能的に右足を引いて構えるのです。

サッカーでも本能的に大事な場面でのシュートやパスは利き足に頼ってしまいがちです。利き足だけに頼る選手はプレーに制限ができ、選手としての限界もすぐに見えてきてしまいます。では、なぜ多くのサッカー選手が利き足の逆（以下左足）を苦手にしているのか？　原因を集約してみると「バランスが悪い」の一言に尽きるのです。

得意な右足のキックフォームと左足のキックフォームを比べてみれば一目瞭然です。まずは自分のキックフォームを確認してみることがキック改善のスタートです。

左足を苦手としている選手はミスを恐がってしまうので、試合では右足ばかりを使ってしまいます。練習で左足を上達させるトレーニングができればいいのですが、やる前から上達を諦めてしまっている選手もいます。

動画を使って自分のフォームをチェックするのもいいでしょう。自分で欠点を見つけることができれば、選手としてさらなる成長が見込めます。一流プレーヤーには自己分析能力も備わっているものです。

> 力みすぎには注意が必要！
> 身体のバランスがくずれます

蹴りこまなければ
身体が覚えてくれない

みなさんは試合だけでなく、サッカーの練習をしている時、ほとんど右足でボールを蹴っていないでしょうか？　これでは右足はどんどんうまくなりますが、当然左足は上達しません。これは僕の持論ですが、人間の筋肉は記憶する細胞の集まりだと思います。ボールを蹴り込むことで、左足に「蹴るための筋力」や「蹴るためのバランス力」を備えることができます。

自分に合ったフォームを見つけ、左足でのキックを練習する。間違ったフォームのまま蹴り込んでも意味はありません。逆に変なフォームが身についてしまいます。蹴り込まなければ、身体はキックを覚えてくれない。中学生までは毎日ボールを蹴ることが非常に大切な練習となります。

左足で蹴る際に注意したいポイントですが、力みすぎるとバランスがくずれます。苦手な足ということで過剰に意識してしまうのでしょう。特に上半身の力みすぎには要注意。では、次ページではうまく蹴れない原因を具体例として挙げてみましょう。

トレーニング編●ポイント

なぜ左足で
上手く蹴れないのか？ Part2

ボールを蹴り込んでいるうちに、いつの間にか左足でも質の高いボールが蹴れるようになっている選手もいる。しかし、中学生や高校生になっても上手く蹴れない選手の多くは、自分の欠点を理解していない。コツさえ解ればサッカー経験を積んでいる人ほど、指導してから上達するまでのスピードも早い。左足で蹴る際にチェックしたいポイントは3つ。右手、ヒザ下、体重移動だ！

上半身と下半身の連動が思い通りのキックを生む

左足で上手く蹴ることができないプレーヤーは大きく分けて3つの欠点を抱えています。上半身、特に右腕の使い方が悪いためバランスが取れない、蹴り足の使い方が悪くボールをミートできない、うまく体重移動できず強いボールが蹴れないなどです。この3つの動きを改善しマスターすれば、左足でもクオリティの高いキックが蹴れるようになります。

歩くときも走るときもそうですが、人間は手でバランスを取りながら動いています。それはサッカーでも同じことが言えます。手を上手く使わなければ、バランスがくずれてしまうので、上手に蹴れるわけがありません。

このページの写真は右利きの僕がシュートを打っている写真です。ボールを蹴る際、足だけでなく手も動かしています。上半身と下半身を連動させて蹴っていることが解ると思います。

左足で蹴る際、右足で蹴った場合と同じフォームで蹴ることができれば、右足と同じ質のボールが蹴れます。非常にシンプルなように聞こえるかもしれませんが、左足を苦手としている人はそれができていないのです。

左足を苦手とするプレーヤーも、得意な右足でのキックは先に挙げた3つのポイントにまったく問題のない場合が多くあります。それでは3つの欠点を順番に確認してみましょう。

バランスを上手く取ることができない

右手を使うだけで
バランスが保てるようになる

　スクールで選手を見ていると、左足で蹴る際に「バランスが上手く保てない」という質問をよく受けます。理由の一つとして挙げられるのが軸足。普段、蹴り慣れていない左足のキックでは軸足も不慣れな逆足ということになります。軸足（右足）はボールを蹴るための筋力ばかりで、身体を支えるための筋力がまだ備わっていないのです。

　そして、もっとも重要なのが手の動きです。人間がボールを蹴る場合、上半身を使ってバランスを取らなければなりません。右足で蹴る際には、多くの選手が自然と手を使えています。

　ところが左足で蹴る際、手を使ってバランスを取っていない選手が非常に多いのです。ポイントを指摘し、手の動きを修正するだけで、バランスはかなり保てるようになるはずです。

　しかしながら、ただ手を上げるだけでは意味がありません。小指から手を上げ、手を回すような感覚が必要なのです。P.22でトレーニング法を詳しく紹介していきます。

手が下がったフォーム

右手が完全に下がった状態での左足でのキック。
蹴る前から勢いも感じられない

手が上がったフォーム

右手を上げることで下半身の動きも生きてくる。
どちらが「いいフォーム」か一目瞭然

ボールを上手く ミートすることができない

蹴り足の支点がどこに なっているかが問題

ボールが上手くミートできなかったり、空振りなどのミスをしてしまうのは、蹴り足のスイングが大きくなっている場合が多いです。大きく足を振ると強いキックが蹴れると思いがちですが、実際のキックの強さは振りの大きさだけに左右されるものではありません。さらに足を振っている間にDFに詰められてしまいますし、ミスも多くなり良いフォームとはいえません。

スイングが大きい選手の多くは「支点」を足のつけ根に置いています。対して良いキックのフォームとは支点をヒザに置きコンパクトに鋭く振っています。後者の方が振り上げてから蹴るまでの時間が短いので、ボールにミートしやすくなるわけです。長い棒よりも短い棒の方が振りやすい。原理はこれと同じです。

これも右利きの選手が右足で蹴る場合、自然にできている場合が多いのです。ただ、左足で蹴るとなると、キックに自信がないので強く蹴ろうとしてしまい、そのため、ボールを蹴る際にいわゆる大振りとなってしまうのです。

ヒザ下のスイングをマスターするためのトレーニングはP.26で紹介しています。

つけ根が支点になっているスイング

ヒザが曲がっておらず、棒を振るようなスイング。空振りなどのミスも起きやすい

ヒザが支点になっているスイング

ヒザをしっかりと曲げることで、ヒザを支点としたスイングが可能に。ボールをミートしやすくなる

強いボールを蹴ることができない

体重移動がうまくいけばボールに力が伝わる

強いボールを蹴るにはインパクトの瞬間、どれだけボールに力を伝えられるかが重要になります。そこでポイントとしてチェックしたいのが蹴ったあとの体重移動です。左足を苦手としている選手が強いボールを蹴るために、不可欠な動きとも言えるでしょう。

野球でもゴルフでもそうですが、中途半端なスイングではボールは飛んでくれません。サッカーの場合、ボールを蹴ったあとの蹴り足がどこに着地したかで振り切ったか否かが判ります。

左足のスイングは身体の左から右への動きになります。蹴り足が身体の左側に残っていると、振り切ったことにはなりません。蹴り足は身体の右側に着地すべきです。このボールを蹴ったあとのフォロースルーの動きはP.34で紹介するトレーニングで確認しましょう。

良いフォーム

左足で蹴ったあと、蹴り足が身体の右側で着地しようとしている。自然と身体もやや右側に傾いている。うまくボールに力が伝わっているので、強いボールを蹴ることができる

悪いフォーム

蹴ったあと、身体が前に傾いてしまっている。こうなると蹴り足が着地するのも身体の前ということになる。強いボールを蹴るためには、必ずしもいいフォームとは言えない

大きなポイントは……
手の高さ、ヒザ下のスイング 体重移動の3点!!

次ページから、さあ、トレーニング開始だ！＞＞＞

ここに注目！

トレーニング編 MENU.1

苦手な足でキックして欠点を知ろう

左足で上手く蹴れない場合、いったいどこに欠点があるのか。まずは得意な右足で蹴ってみる。続けて左足でも蹴ってみる。フォームを見比べることで、その欠点が浮き彫りとなる。

ステップ [1] まずは利き足で蹴ってみる

自信のある右足キックは理想的なフォーム

利き足でのキックは慣れたもの。現役選手、経験者ならば、ある程度は思ったとおりのボールが蹴れるはずです。利き足が右ならば、右足でのキックに自信を持っているでしょう。その時のフォームは、自分にもっともマッチしたフォームなのです。

まず、利き足ではどのようなフォームで蹴っているのか確認をしてみましょう。左腕を使ってバランスを取れているかどうか。右足のヒザを支点にして蹴り足をスイングしているかどうか。おそらく利き足の場合には、これがちゃんとできています。

そして右足で蹴る場合のフォームを脳裏に焼きつけるように意識してボールを蹴ってみましょう。ここでのイメージがはっきりすれば、左足で蹴った時に違和感を覚えるはずです。左右の足が違うだけで、フォームがまったく違うことがよく解るでしょう。

右足の場合、上半身の使い方、ヒザの使い方がバランスが取れている。これは長年サッカーをやって自然と身についたもの

トレーニング編　MENU.1　苦手な足でキックして欠点を知ろう

ステップ2 苦手な足で蹴って欠点を知る

■ パス練習をやることで相手の欠点が見える

では今度は苦手な左足でボールを蹴ってみましょう。右で蹴った場合と左で蹴った場合で、フォームにどんな違いがあるのか？　右足時にできていて、左足時にできていない箇所が自分の「欠点」です。このページの写真に出てくる選手たちに共通している欠点は手の動き。右足キックでは左手がちゃんと上がってバランスを取っているのに、左足ではほとんどの選手が腕を下ろしてボールを蹴っています。

お互い向かい合わせでボールを蹴っていると、相手のフォームがよく見えます。パス練習をしている相手の欠点はどこなのか？　人の振り見て我が振り直せと言いますが、相手の欠点探しもいいトレーニングになります。

ほとんどの選手が上半身を使わずにボールを蹴っている。左右キック時の違いに気づくことは非常に重要だ

POINT! 欠点は手や足だけでなく目線や進入角度にもある

「欠点」の代表的な例は腕の動き。この欠点が解消されれば、50％は問題クリアと言えます。あとはヒザ下をはじめとする細かいポイント。左足が苦手だと、目線や進入角度も右足の場合と違ったりします。まずは自分の左右のキックの違いをはっきりと意識してください。

トレーニング編 **MENU.2**

得意な足・苦手な足のフォームを確認する

左右の足で蹴ったあとは、「欠点」となっているポイントの整理をする。自分で気づくことができない場合は、周りの人に指摘してもらおう。このメニューで自分のキックフォームのイメージをしっかりつかもう。

ステップ[1] 左右の手の動きと足のスイングの形は？

CHECK POINT

- 左右で蹴る場合、腕の高さがどれだけ違うか
- 左足でキックする時も蹴り足のヒザが曲がっているか
- キック後の蹴り足は身体のどちら側に着地しているか

最初にチェックするのは上記の3点。弱点を克服するためのポイントは非常にシンプル。この3点を修正していくことから、すべてはスタートする

理想的な左足キックのフォームをイメージする

得意な足と苦手な足のフォームを確認する作業は自己分析だけでなく、人に見てもらうのもいいでしょう。チェックするポイントは多くないので、すぐに自分のフォームの欠点をイメージすることができると思います。欠点が解ってきたら、今度は修正するトレーニングです。

ステップ 2 良いフォームと悪いフォームの違いを見分ける

良いフォーム

右腕がしっかりと上がり、バランスよくボールをとらえたフォーム。ボールの強さだけでなく、狙った所に飛ぶ正確性で、良いフォームの重要性に気づいてもらう

悪いフォーム

良いフォームと違って、まったく右腕が上がっていない。蹴ったあとのフォームを見るだけでも違いは明白だ。あえてバランスをくずして蹴ることで、ポイントを知ってもらう

悪いフォームを見て違いに気づこう！

これは僕がサッカースクールで行なっている頭のトレーニングです。僕が良いフォームだけでなく、あえて悪いフォームでも蹴って子供たちに見せてみます。いきなり僕の口から、どこが悪いのかを言うことはありません。

目的は子供たちに欠点を気づいてもらうことです。写真のように解りやすく違いを見せても、子供によって感じ方は違います。すぐにポイントに気づく子もいればなかなか欠点が解らない子供もいますが、そのあと動きをまじえながら説明をしていくことで違いを理解してもらいます。

ここで違いを理解できれば、そのあとはすぐに上達します。試合や練習時、左足で上手く蹴れなくても、頭の中にコツがインプットされるので、自分でフォームを修正できるのです。

トレーニング編　MENU.3

右手の動きを
マスターしよう!!

左足が苦手な選手は右手をうまく使わなければ、良いキックを蹴ることができない。身体のバランスを保ち、スムーズに蹴り足を動かすためにもこの動きを覚えることからスタートしよう。

ステップ【1】　右手だけを大きく回す

最初は立ったままの状態で右手を回してみる。自分の身体から見て左下から右上へ

回した手は、頭より高い位置まで運ぶのが理想的。大きな円を意識しながら回してみよう

小指を上に向けて円を描くように回す

右手を上げて蹴ることが、左足で蹴る際にバランスのいいフォームを作るポイントです。まずはその場で立ったまま手を上げてみましょう。ただ手を上げるのではなく、円を描くように回しながら上げるのが大切です。手を上げる時は小指を上に向けます。これにより、上半身の余分な力が抜けるはずです。

CHECK!

小指を上に向けているのがポイント。小指から上げることで、上半身から力が抜け、リラックスした状態で手を回せる

トレーニング編　MENU.3　右手の動きをマスターしよう!!

ステップ 2
右手の動きに合わせて蹴り足を上げてみよう

まずは右手を回すように、高く上げるところからスタートする

右手の回転に合わせて軸足を踏み込む動きをスタート

踏み込んだ瞬間、蹴り足である左足を上げる。ヒザは曲がった状態に

この体勢のまま、右手を使いながら数秒間バランスを取ってみよう

CHECK！

右手が上がり、蹴り足が上がったフォームを横から見た写真。蹴り足もただ上げるのではなく、ヒザをなるべく曲げるようにする。実際のキックフォームに限りなく近いものをイメージしよう

ボールが目の前にあるつもりで足上げ

今度は右手を回しながら、蹴り足を上げるところまでやってみましょう。右手を回す動きに連動して、蹴り足がスムーズに上がればベストです。上半身と下半身の動きがバラバラにならないように気をつけてください。ボールが目の前にあるつもりで踏み込んでみましょう。片足で立っている状態ですが、右手を上げることでバランスが取りやすくなります。

POINT❶
右手を上げることにより相手DFをブロックできる

手を上げるのはバランスを保つことだけが目的ではありません。右手を上げて蹴る場合、右側から寄せてくる相手DFの動きをブロックすることができるのです。ボールは左足の前にあるわけですから、相手はボールに足が届きません。覚えておきたいテクニックの一つです。

トレーニング編

MENU.4

腕振りと踏み込みを連動させてみよう

DVD収録

次は実際にボールの脇に踏み込むところまでのトレーニング。腕の振りと踏み込みを連動させるのはもちろんのこと、踏み込む軸足の位置に注意してもらいたい。ボールの真横に置くのが基本となる。

ステップ【1】 腕を回しながらボールの脇に踏み込む

右手を回す動きがキックモーションをリードする。まず右手からスタート

手を上げている途中で踏み込みの体勢へ入る。上半身と下半身を連動させよう

軸足となる右足で着地するので、左足で地面を蹴り上げるように踏み込みへ

右手が頭の高さまできたタイミングで右足で着地。ボールの真横にしっかりと

■軸足のつま先の方向は蹴りたい方向に向ける

このトレーニングも右腕を回しながら、蹴り足を上げてみるのですが、今度は実際にボールの脇に踏み込むところまでやってみましょう。注意したいのはつま先の方向です。軸足のつま先は、蹴りたい方向へ向けるべきです。実際にボールを蹴るわけではありませんが、イメージしながらやってみてください。

CHECK!

軸足で気をつけたいのがつま先の方向。蹴りたい方向に向いているか注意

トレーニング編　MENU.4　腕振りと踏み込みを連動させてみよう

ステップ【2】 正しい位置に軸足を置く

ボールの真横に近いところに軸足をセットするのが基本。遠すぎても近すぎても蹴りにくくなってしまう

身体を右に傾けるとさらに蹴りやすくなる

軸足を置く位置も重要です。ボールの真横に踏み込むことが基本となります。左足が苦手な選手は軸足の位置が不安定なためミスにつながります。これは左足に自信がなく、トレーニングを積んでいないため、感覚が磨かれていないのが原因です。右足を軸足にした時、身体をやや右に傾けると蹴りやすくなることも覚えておいてください。

POINT❶

自信がつくまで難しい軸足の位置

踏み込みが浅すぎる

ボールより前に軸足

ボールから離れすぎ

ボールに近すぎる

　ボールの脇に踏み込んでも、軸足の位置によって蹴りやすさが変わってきます。ここでは典型的なNGパターンを取り上げてみましょう。踏み込みが浅すぎたり、離れすぎているとボールとの距離が空いてしまい、しっかりとボールをミートすることができません。

　逆に軸足がボールに近すぎたり、ボールよりも前にあると窮屈なキックを強いられます。試合ではこのような場面が出てきますが、経験によって微調整が効くようになります。

トレーニング編 MENU.5

ヒザ下のスイングをシャープにする

DVD収録

軸足と蹴り足の関係が悪いと正確にボールをミートできない。右足で身体を支える感覚と左足のヒザを曲げコンパクトにスイングする動きをマスターしよう。

ステップ【1】 ヒザ下だけを振ってみる

右手を高い位置で回しながら、蹴り足のヒザをしっかりと曲げる

実際にボールが目の前にあることをイメージしながらスイングする

鋭くコンパクトなスイングになっていれば身体のブレも抑えられる

バランスを崩すことなく、そのままフォロースルーまで持っていく。

ヒザ下のみを意識して足を振ってみよう

正確なキックのためには、蹴り足をつけ根ではなく、ヒザを「支点」にしてシャープなスイングにすることが必要です。支点が近いので、いわゆる大振りが回避され、ミスが少なくなります。ボールをミートしやすく、コントロール性が向上します。スイングはヒザをきちんと曲げて、ヒザ下のみを意識して行ないます。上半身のリラックスも忘れずに。

NG ヒザが伸びてしまいマイナス要素の多い蹴り

ヒザではなく、足のつけ根が支点になっていると、モーションが大きいスイングになります。空振りなどのミスが起きやすく、相手DFに動きを読まれやすくなってしまいます。シャープなスイングは強く正確なキックのための大きなポイントです。

トレーニング編　MENU.5　ヒザ下のスイングをシャープにする

ステップ[2] 足先を持ってバランスを保つ

左足を手で持ち、蹴り足の角度をキープして右足で身体を支えてみよう

しっかりとヒザを曲げることで、カカトの部分がお尻に当たっている

CHECK!

カカトがお尻につくぐらいヒザを曲げてみよう

　支点がヒザであることを身体に覚えさせるため、足先を持ってバランスを保つストレッチをやってみましょう。この際、足のカカトがお尻につくぐらい曲げるのが重要です。実際のキックでもできるだけこの角度に近づくようにヒザを曲げるのが理想です。また、手の高さにも注意してください。右手を使うことでバランスを取るのは前述した通りです。何分立っていられるか、友達同士で競ってみるのもいいでしょう。

トレーニング編 MENU.6

キックモーション中の視点を意識する！

DVD収録

左足に自信がないプレーヤーの特徴として、キックのモーション中に、ボールばかりを見てしまっていることが挙げられる。ここでは踏み込む直前、蹴る瞬間、フォロースルーでどこを見るべきかをレッスン！

■ 踏み込むまでは周囲の状況を把握する

助走の時点でボールばかりを見てしまうのは左足に自信のない証拠。それは、実際の試合では大きなマイナス要因になります。サッカーは相手の動きを常に把握していなければなりません。ボールばかり見ていると視野が確保できず、敵に詰められても気づくことができません。ボールの位置を確認する作業は必要ですが、助走の時点では周囲の状況を確認しましょう。

踏み込む直前

ボールの位置を確認したら、踏み込む直前までは視点を上げておく。「視野の広い選手」と言われるためには全方向に注意を払う必要がある

NG
ボールばかり見て敵味方に気づかない

これはサッカー初心者にありがちな現象とも言えます。自分のキックに自信を持っていれば、周囲を見渡す余裕が生まれます。このような視点を落とした状態ではキックそのものよりも、まずパスやシュートの判断ミスが起こります。

トレーニング編　MENU.6　キックモーション中の視点を意識する！

インパクトの瞬間

視点だけに気を取られず フォームにも注意しよう

蹴る瞬間にボールを見るのはいいのですが、そればかりに気を取られてはいけません。ほかの項目で触れているように、手の動きやヒザ下の動きが伴わなければなりません。慣れるまでは一瞬だけ見るのは難しいですが、意識してトレーニングしましょう。

ボールの位置を目で把握し、軸足を踏み込んでインパクト。前傾するほど上半身を傾けるのはNG

ボールに集中する のは蹴る瞬間だけ

インパクトの瞬間はしっかりとボールに集中します。目線をボールに移し、蹴り足でしっかりとミートしましょう。このタイミングで逆にボールから目が離れるとミスキックにつながります。上級者が行なうノールックパスはボールの位置を把握しているからこそできる芸当。事前に位置をしっかり確認しているのです。

フォロースルー

広い視野を保って 次のプレーを判断する

フォロースルーで気をつけることは、再度、視点を上げてボールの行方を確認することです。そして、空いているスペースを探すなど、自分が次にどんなプレーをするのかできるだけ早く判断しましょう。左足が苦手な人ほど、助走からフォロースルーまでボールをずっと見ています。練習では蹴ることだけに専念できますが、試合では広い視野を確保することが必要となります。

NG

最後まで 下を向き 身体が前傾姿勢

ボールを最後まで見続けるということは、身体が前傾姿勢になってしまっているということ。これでは強いボールを蹴ることができません。そして、ボールがどこへ飛んで行くのか、自分でも判らないはずです。

トレーニング編 MENU.7

蹴り足をしっかりと固定させてみよう！

蹴り足の足首がしっかりと固定されていないと、正確なボールや遠くへ飛ぶボールを蹴ることはできない。「足首に力を入れる」は間違い。ちょっとしたコツで、足首は簡単に固定することができるのだ。

ステップ【1】 インサイド＆インフロントキックで足首を固定させるコツ

CHECK!

靴を履いた状態よりも、靴を脱いだ方が形を確認しやすい。小指の方を上げてしまう選手もいるが、それでは足首がグラついてしまう。ポイントは親指を上げるだけ。これによりコントロール性の高い確実なボールを蹴ることができる

親指を上げるだけで自然に固定できてしまう

「足首を固めろ」と言われて足首に力を入れようとしても難しいはずです。そもそも足首は関節ですから、直接力を入れることはできません。実は親指をやや高く上げるだけで、足首を固定することができます。これにより、カーブをかけたりコントロールの良いボールも蹴りやすくなります。「力の入れどころ」を理解しましょう。

トレーニング編　MENU.7　蹴り足をしっかりと固定させてみよう！

ステップ 2 インステップキックでも足首が固定されているか確認

足の指を丸めて何かを掴むように蹴る

インステップキックは一瞬でボールを弾き出すことによって、強いボールを生み出すことができます。靴を脱いで見ると、インステップ時の足の形はこのようになっています。足首を伸ばしきり、足の指を丸めて何かを掴むかのように固定します。この形で足首を固定させるコツは、足の指に力を入れることです。

インステップでも力の入れどころは足首ではない。足の指に力を入れると、足首が固定されたキックを打てる

カカトを動かして固定されているか確認

インステップ時に足首をグラつかせないために、自分の足首の状態を確認しておきましょう。靴を脱いでインステップの形を作り、カカトのあたりを握ってみてください。そして、上下左右といろんな方向に動かしてみます。これだけで足首がグラつくようでは、実際にいいインステップを蹴ることはできません。この確認作業で力の入れどころが理解でき、自然と足首が固まるようになります。

足の形はインステップの状態を保ったまま、カカトを握って上下左右と動かす。これぐらいでグラついてしまうようでは、まだまだコツをつかんでいないということ。グラつかなくなるまでトライしてみよう

トレーニング編 **MENU.8**

走り込みの角度を変えて蹴ってみよう

ボールに対して走り込みの角度を変えることで、キックにどんな差が生まれるのか理解しよう。真っ直ぐに進入して正面にボールを蹴るのは、基本のように見えて実は難しい技術だ。

ステップ【1】 基本となるサイド＆ナナメからの走り込み

このように右ナナメ後ろからボールに向かうのが、一番無理のない進入角度

ボールが置かれたラインと進入角度の関係を注意して見てほしい

右手を回しながら、自然な身体の傾きもキープしたままボールに接近

無理のないフォームで踏み込みに入る。もっとも一般的な進入角度だ

ナナメからの進入がもっとも基本的

キックの種類の中で、もっとも蹴りやすい進入角度はナナメ後ろ、もしくはサイドからになります。左足ならば、ボールが自分から見て左前方にある状態が基本となります。この角度からならば、身体や蹴り足の角度を保ちやすく左足で左右方向に自然に蹴り分けることが可能です。

別アングル

こちらは後ろから見たアングル。ボールは左前方の位置に置かれているので、蹴りやすいのも左足。この角度から右足で蹴るにはコースとキックが限定されてしまう

トレーニング編　MENU.8　走りこみの角度を変えて蹴ってみよう

ステップ【2】 想像以上に蹴りづらい真っ直ぐからの走り込み

ボールが置かれたラインと正対した身体の位置関係に注目してほしい

真っ直ぐに進入。ボールまでの距離を目測するのは意外と難しい

正面に蹴ろうとすると窮屈なフォームになってしまう

真っ直ぐ進入すると窮屈なフォームに

簡単そうに見えて意外と難しいのが、真っ直ぐ進入してのキックです。ここからボールを正面に蹴る場合、さらに難易度が増します。ナナメから進入するのに比べて、どうしても窮屈な蹴り方になってしまうのです。正面からバランスを保ちながらキックできたら、キック上級者といえるでしょう。

ステップ【3】 左サイドから侵入しての左足はアウトに限定

ボールの左ナナメ後ろから進入。左に蹴るには右足がベストだが……

この角度から左足で左方向に蹴ろうとすると、アウトに限定されてしまう

アウトサイドは難易度も高く、パワーも必要なため左足キックの上級者向け

アウトでのキックはミスが起こりやすい

左ナナメ後ろから進入して左足で左前方に蹴る場合は、アウトサイドに選択肢が限られます。これは難しいキックになるので、応用編としてマスターしましょう。アウトサイドはミートしづらく、パワーも必要です。はじめは無理をしないで蹴ることが大切。できることから覚えていきましょう。

トレーニング編 MENU.9

フォロースルーの動きをスムーズにする

女性や身体の小さい子供は強いキックを蹴るのが難しい。パワーの無さを補う意味でも、フォロースルーの動きは重要だ。蹴り足をどこに着地させるかで、ボールに対してパワーがどう伝わるかが変わってくる。

基本となるフォロースルーのフォーム

身体を半回転させるイメージ。そのため、蹴る前から身体をやや傾けている

ボールを蹴った足はその勢いのまま軸足の方向へ持っていく

すでにボールを蹴ったあとだが、スイングの勢いは失われていない

完全に蹴り足が軸足方向へ。インパクトの直前からフルスイングした証拠

■ 足の振りは小さく フォロースルーは大きく

強いボールを蹴ることができない理由の一つとして、体重移動をスムーズに行なえていないことが挙げられます。左足で蹴った場合、蹴り足を身体の右側にまで振り切って着地させると、ボールに上手く力を伝えることができます。最初はより意識的に右側に着地させてみてください。このようにフォロースルーを意識することで、身体のバランスも良くなります。右手を回すところから、一連の動作でできるようになれば完璧です。

蹴り足を着地させる。動きの中でのキックは、この着地が次の動きへの一歩目となる

トレーニング編　MENU.9　フォロースルーの動きをスムーズにする

苦手な足で蹴った際のNGパターン

違う方向に着地すると強いボールは蹴れない

左足で蹴った場合、蹴り足を身体の左側、もしくは前方に着地させる、もしくは後方に体重を残すと、ボールに力が伝わらないので、弱いキックになってしまいます。試合では、浮いた球を蹴るために、ワザとこのような蹴り方をすることもありますが、それは上級者向けのテクニックです。

蹴り足側に身体が傾く

左足で蹴ったのに左側に傾いてしまう。強いボールを蹴ろうとしても、これではボールに反発力が生まれない。センタリングがゴールラインを割ってしまうミスの大半はこの身体の動きが原因。蹴り足の着地を意識すればミスも減る

前方に身体が傾く

前方に傾くということは、やや前のめりで蹴っているということ。右手をちゃんと回していれば、自然に胸を張ったフォームになる。ボールに集中しすぎて前方に身体の傾く、基本ができていない初心者に多い蹴り方ということだろう

後方に体重が残る

左足に慣れていない選手は、後方に体重が残ってしまうこともある。意図的に高く浮かせた球を蹴りたいときには有効だが、それは基本の体重移動ができるようになってから。上級者になってから覚えたい応用テクニックでもある

トレーニング編 MENU.10

ケガ予防＆ボディケアのためのストレッチ8

DVD収録

ここでは特別メニューとして練習の前後に取り入れてもらいたいストレッチの数々を紹介。足を使ったストレッチは両足でバランスよく行なうことで、結果的に左足キックを鍛えることもできるのだ。

静的ストレッチ4種　身体をじっくりと伸ばして筋肉をクールダウンさせる

■練習や試合のあとに行なうとより効果的！

静的ストレッチは身体をじっくりと伸ばし、筋肉を緩ませるためのストレッチです。練習前にやるのももちろんいいのですが、むしろ効果的なのは練習後でしょう。静的ストレッチは練習の疲れをあとに残さない効果もあるので、練習後のクールダウンにも最適の運動と言えるのです。

股関節を伸ばす

腰を落としヘソを下に向ける感覚で行なう。肩入れをすることによって、上半身も広範囲に伸ばせる

ハムストリングスを伸ばす

ハムストリングスと言われるもも裏を伸ばす。片足のカカトを着けを前に出した状態でヒザのやや上を押す。つま先がしっかりと上を向くように注意しよう

ももの前を伸ばす

片足のつま先を手で持って、身体を前方に傾ける。バランス感覚も養うことができる

ふくらはぎを伸ばす

片足を前に出した状態から今度はつま先を持って引っ張り、ふくらはぎを伸ばすストレッチ。ヒザが曲がってしまわないように注意しよう

トレーニング編　MENU.10　ケガ予防＆ボディケアのためのストレッチ8

動的ストレッチ4種

サッカーで重要な股関節のまわりをほぐす

両足キックの練習にもなる一石二鳥のストレッチ

動的ストレッチは一般的に柔軟性を養うものとされていますが、ここで取り上げた4種はサッカーをやる上でもっとも重要な関節、「股関節」を動かすことを目的としたものです。

サッカー選手にとって股関節痛は職業病のようなものですが、このようにストレッチを念入りに行なうことで股関節のまわりをほぐすことができます。これにより、ケガの予防にもつながるのです。

このページで紹介している、この4種のストレッチはキックモーションの延長ともいえる動きでもあります。ですから、ストレッチをやりながらキックの練習まで行なえているのです。まさに一石二鳥のストレッチと言えます。

この動的ストレッチは練習前に行なうのが効果的です。前述したようにケガの予防になるだけでなく、ちょうどいいウォームアップにもなります。日々のストレッチで**股関節の可動域を拡げることは練習や試合でのパフォーマンスを高めるだけでなく、練習そのものの効果を高めることにもつながっていきます**。練習や試合の前にぜひ取り入れてみてください。

足を高く上げる

左右の足を交互に高く上げる。慣れてきたら反動をつけながら、リズムよく足を上げよう

足を回す

足を回すことで股関節まわりの筋肉をほぐす。外から中へ回したら、次は中から外へ回してみる

ヒザを高く上げる

肩の高さを目がけて左右のヒザを上げる。下半身だけを動かし、上半身で当てにいかないように注意

足をクロスして上げる

キックモーションから足をクロスさせて高く上げる。ハムストリングと股関節まわりをほぐせる

トレーニング編 まとめ

いろんなボールに対処して蹴ってみよう

DVD収録

実際のゲームでは静止したボールをキックする機会はむしろ少ないとも言える。ここまでトレーニングしてきたポイントを確認しながらいろいろな球質に対応できるように左足のキックに磨きをかけよう。

ステップ【1】 浮いているボールをボレー

ボールを待ち構える段階ですでに右手が始動している

右手を高く上げた状態でシャープなスイングを心がける

身体が右に傾いてないとボレーを蹴るのは難しい

ボレーキックは難易度の高いキックと思われているが、身体のバランスが取れていれば、それほど難しいキックではなくなる。やはり右手でバランスを取りながら、身体を傾けてみよう。大切なポイントは浮き球の場合でも同じだ

ステップ【2】 転がるボールをダイレクトで

動いているボールでも右手の動きでバランスを取る

ボールに対する踏み込みがポイント

まずは正確なミートを心がけよう

グラウンダーのボールでも、ダイレクトでシュートするためのコツは浮き球とほぼ同じ。軸足の踏み込む位置によってキックの良し悪しが決まってくる。ボールを良く見て動きのタイミングに合わせてバランス良くキックしよう

トレーニング編　まとめ　いろんなボールに対処して蹴ってみよう

POINT!
動いているボールの対処は左足キックのポイントと同じ

P.35までで紹介したトレーニングはプレースキックを想定していましたが、実際の試合では自分だけでなく、ボールや相手も動いています。ただしトレーニングメニューをすべてこなすことができていれば、それに順応することは難しくはありません。

ステップ【3】 胸トラップからのボレー

まずは浮いたボールを胸でトラップする

プレースキックの延長上でとらえよう

左足に自信を持っていれば持ち替えずに打てる

自分の左手側から来たボールを、胸トラップから右足で蹴るには高度なトラップ技術が必要となる。左足に自信があれば、迷わず左足でシュートできる。シュート機を逃さずに思い切ってゴールを狙っていこう！

ステップ【4】 右トラップからの左シュート

右足でトラップ。そのまま左前方にボールを押し出し…

右手のリードからボールに踏み込んでいく

ムダのない一連の動きからシュートに結びつく

右足でトラップしてそのまま左足でシュートに行ければ大きな武器となる。トラップからワンステップでシュートが打てるからだ。また、両足が使えることで左右にシュートコースが生まれる

39

2006年W杯ドイツ大会を最後に現役を引退したフランスのジダン。大会後は決勝戦での頭突きばかりが話題となってしまいましたが、決勝トーナメントに入ってからのジダンは「世界一のフットボーラー」と言われるにふさわしいプレーの数々を披露していました。

ジダンのプレーを見ていると、どちらが利き足か判らなくなります。実際は右利きなのですが、彼の場合どちらの足でもハイレベルなプレーができるため、どちらが利き足なのか見分けがつかないほどです。

両足で自由自在に蹴れるので、トラップもすべての方向にボールを落とすことができます。トラップでボールを落とすポイントは、常に相手の足が届かない位置。ボールをキープする際も、相手の足が届かない方の足を選びプレーしています。

ジダンが1対1でほとんどボールを奪われないのは、彼がハイレベルな「両足キッカー」だからです。まさしく最高のお手本となる選手でした。

Column.1
両足を自在に操った
ジダンは最高のお手本

「世界一のフットボーラー」と称されたジダン。究極の両足キッカーだった彼は、相手にボールを奪われないための、瞬時の状況判断をしていた。それを支えたのはどちらの足でも可能なハイレベルなプレーだった。

©MANABU TAKAHASHI

ビフォー&アフター編

フォームの問題点を修正！
その成果は…

CASE.1
バランス向上のため右腕の使い方を修正

CASE.2
強いキックのために体重移動を修正

CASE.3
スムーズさを生み出す助走の進入角度を修正

CASE.4
ボールをとらえるため蹴り足の振りを修正

CASE.5
DFへの対処のためキック前の視線を修正

CASE.6
上げた右手の形を「グー」から「パー」へ

うまく蹴れないのには必ず理由がある！

右足ならクオリティの高いボールが蹴れるが…

　この「ビフォー＆アフター編」では、実際に6人のプレーヤーのみなさんにボールを蹴ってもらいます。小学生や中学生の現役選手、20代でフットサルを愛好している女性、20代と30代のサッカー経験者と幅広く集まってもらいました。

　6人は全員が右利きです。彼らは現役のサッカー選手、もしくはサッカー経験者だけあって、右足ではクオリティの高いボールを蹴ることができます。ところが、左足で蹴ってもらうとどうも勝手が違います。コントロールがつかない、もしくは強いボールが蹴れないといった問題点が浮き彫りになってきます。

　うまく蹴ることができないのは、ただ単に彼らが「右利きだから」ではありません。右足と左足のフォームを見比べると、明らかに違いがあるのです。右足と同じフォームで蹴れば、良いボールが蹴れるはず。うまく蹴ることができないのには理由があるのです。

「左足」の上達を目指す6人（全員右利き）

島村 旭くん(12)
サッカー歴9年

安藤元嗣くん(13)
サッカー歴7年

井口 諒くん(14)
サッカー歴8年

どのようにしてウィークポイントを修正するのか？

初心者でも参考になる修正するためのメニュー

サッカー経験者であればあるほど、上達や変化も早いものです。これから彼らの問題点を指摘しつつ、その部分を修正して改めてボールを蹴ってもらいますが、すぐに効果が現れるはずです。

修正するポイントは1人につき1～2点。これは「ウィークポイントを無くす作業」とも言えるでしょう。

とは言え、ここから紹介するメニューは初心者の人でも参考になるものばかりです。

自分のウィークポイントに気づいた6人のキックがどのように変化していくのか、注目してみてください。

茂木大仁さん(22)
サッカー歴8年

梅 静香さん(26)
サッカー歴6年

杉本直樹さん(31)
サッカー歴21年

ビフォー＆アフター編　CASE.1

井口 諒くんの場合

DVD収録

バランス向上のため右手の使い方を修正

POINT 右手がやや下がりぎみ

BAD ✕ BEFORE 右手が上がらず弱々しいフォーム

GOOD ◎ AFTER 右手を大きく回し力強いフォームに

ビフォー&アフター編　CASE.1　バランス向上のため右手の使い方を修正

右手を大きく回すと力強いフォームになります

使い方を意識するため なるべく大きく回す

井口君の修正ポイントは右手の使い方。やや上がってはいるのですが、まだ高さが足りず、さらに回していないので弱々しいフォームに見えます。これでは正確なキックも蹴れず、ボールの飛距離も出ません。修正後は、腕が大きく回ることで、バランスが非常によくなりました。力強いフォームになったので、強いボールが蹴れています。

×

◎

上の悪い例は上半身のリラックスが感じられない。特に力が入っているのが手。意図的に右手を頭より高く上げる感覚で回す。これで強いボールを蹴れれば、左足でのフリーキックも狙える

助走から蹴る瞬間まで右手が下がりっぱなし。現役選手なので、まずまずのボールは蹴れているものの、左足でフリーキックを狙えるほどのキック力はない

課題だった右手を大きく回すことによって、以前よりはるかに強いボールが蹴れるようになった。手がリラックスしたことで、上半身から力みが消えたのも判る

ビフォー&アフター編　CASE.2

島村 旭くんの場合

DVD収録

強いキックのために体重移動を修正

POINT 身体の右側に着地していない

BAD ✗ BEFORE　身体の前や横に体重移動をしていた

GOOD ◎ AFTER　軸足側に移動しボールの勢いがUP

ビフォー&アフター編　CASE.2　強いキックのために体重移動を修正

シュート性のボールが可能になりました！

小柄な体型の選手や女子選手にオススメ

島村君はキック後の体重移動が前や左に来ていました。小柄な体型の彼が強いボールを蹴るには、蹴り足を軸足方向に持っていく体重移動を用いるべきでしょう。蹴った足の勢いを殺さずに、蹴り足を身体の右側で着地させる。これにより、左足では難しかった強いシュート性のボールまで蹴れるようになりました。

はじめは極端すぎるほど蹴り足を軸足方向に持っていった方が良い。これが無意識のうちにできるようになれば、迷わず左足でシュートも可能に

左でも器用に蹴っていた島村君。しかし、強いボールを蹴ることができなかった。フォロースローが前や横に行ってしまうことで、ボールにうまく力を伝えられずにいた

フォロースルーは軸足の方向へ。蹴り足は身体の右側で着地している。ボールに力が伝わり、勢いをつけることができるようになった。フォームからも力強さが感じられる

ビフォー＆アフター編 CASE.3

梅 静香さんの場合

DVD収録

スムーズさを生み出す助走の進入角度を修正

POINT 真っ直ぐ進入は難易度が高い

BAD ✗BEFORE 進入角度が浅くミートしづらい

GOOD ◎AFTER ナナメから進入して窮屈さを解消

ビフォー&アフター編　CASE.3　スムーズさを生み出す助走の進入角度を修正

進入角度で蹴りやすさが変わってきます！

ナナメや横から進入してミートする

梅さんの助走角度は浅く、ほぼ真っ直ぐと言っていいでしょう。しかし、真っ直ぐに進入して正面に蹴るのはもっとも難易度の高いキックなのです。やはりナナメやサイドから進入することによって、蹴り足がボールにミートしやすくなります。そして、右手も使えていなかったので、大きく回すように修正してもらいました。

上の悪い例は置いてあるボールに対して、ほぼ正面から進入している。特にプレースキックを蹴る場合、正面からの進入は非常に高度な技術が必要となってしまう

ボールのほぼ正面から助走をつけた梅さん。さらに正面にボールを蹴ろうとしたので窮屈なフォームとなり、ボールをミートできなかった。右手も下がっていて、うまく使えていない

蹴りやすくするため、ナナメからの進入に修正。これまでは何本蹴ってもできなかった、ボールへのミートが可能になった。同時に右手を回すようにしたため、バランスの良いフォームに

ビフォー＆アフター編　CASE.4

茂木大仁さんの場合

DVD収録

ボールをとらえるため蹴り足の振りを修正

POINT 身体が前傾したフォームと大振りな足のスイング

BAD ✕ BEFORE 極端な前傾姿勢＆大振りなスイング

GOOD ◎ AFTER 右手とヒザ下を使うフォームに改善

ビフォー&アフター編　CASE.4　ボールをとらえるため蹴り足の振りを修正

大振りでは空振りなどのミスを起こします

ヒザから下で振る
シャープなスイングに！

右手をうまく使えず、体勢も前傾姿勢になっていた茂木さん。実は、身体が前傾してしまう問題は、右手を使うことで解消されるのです。しかし、それ以上に問題なのが大振りになっている足のスイングです。ヒザから下を振るようにシャープなスイングをしなければ、ボールをミートしづらく、空振りなどのミスを起こしてしまいます。

悪い例は苦手な左足のキックということで、力が入りすぎている。下のように右手を回すことで、上半身をリラックスさせることができる。ヒザを支点にしてコンパクトにスイングしよう！

左足に慣れていない選手の典型的なフォーム。手が上がっていないので胸を張れず、前傾姿勢になっている。スイングも支点が足のつけ根にあるので、つい大振りになってしまう

右手を大きく回して、胸を張ったフォームに。全身から感じられた力みを無くすことができた。振りはコンパクトに、そしてフォロースルーは大胆に。フォームが劇的に変化した

ビフォー＆アフター編 CASE.5

杉本直樹さんの場合

DVD収録 DFへの対処のためキック前の視線を修正

POINT 助走の時点からボールに集中、蹴り足の足首がグラつく

BAD ✕ BEFORE 助走の段階からボールだけ見ていた

GOOD ◎ AFTER 蹴る前に状況確認するようになった

52

ビフォー&アフター編　CASE.5　DFへの対処のためキック前の視線を修正

ボールを見るのは蹴る瞬間だけにしよう！

ボールばかり見ると周囲の状況を把握できない

修正前は助走の時点からボールに集中してしまった杉本さん。これではパスコースができても、相手DFが詰めてきた場合、状況を把握することができません。ボールを見るのはキックの瞬間だけでいいのです。これで周囲の状況に対応できるようになります。それから、ややグラついていた蹴り足の足首も修正してもらいました。

ボールを蹴る前はシュートコースがあるのかどうか、誰にパスをしたらいいのか、相手DFが来ているかどうかを確認。足首を固めるコツも（P.30参照）覚えてもらった

苦手な足のキックということで、ボールばかりに集中してしまっていた。サッカー歴が長いので、良いボールが蹴れてはいたが、右足に比べて自信がないので、左足は試合で使えないという

ボールを蹴る前に顔を上げるようになったので、グラウンド内の状況を把握できるようになった。また、足首のグラつきを抑えることで、強くて正確なキックになった

ビフォー&アフター編

CASE.6

安藤元嗣くんの場合

上げた右手の形を「グー」から「パー」へ

POINT 上半身に力が入りすぎている

BAD ✕ BEFORE 手の形が「グー」で力みすぎている

パッと見は良いフォームのように見えるが、手の形が不自然。上半身がリラックスできていないことで、キック時のバランスを失いかけている。これも左足に対するコンプレックスから起きてしまう現象の一つ

まとめ
試合で使えばさらに自信がつく

さすがにみなさん現役選手、サッカー経験者だけあって、飲み込みが早かったです。修正ポイントを指摘するとすぐにそれを実行し、ある程度強いボール、コントロールの良いボールが蹴れるようになりました。あとは覚えたフォームを忘れずに、練習の中で蹴り込むことが大切です。毎日ボールを蹴ることで、身体が自然とフォームを覚えてくれます。試合の中で、左足でのキックを使うことで、自信も芽生えるに違いありません。修正ポイントを忘れずに、練習を頑張りましょう！

数分間の練習でかなり上達！継続してトレーニングしよう

ビフォー&アフター編　CASE.6　上げた右手の形を「グー」から「パー」へ

> 小指を上に向けて上半身をリラックス！

上半身に力が入ると下半身がブレてしまう

左足で蹴るときも右手を使っていた安藤君ですが、手の形が「グー」になっていました。これでは上半身に力が入りすぎてしまいます。上半身に力が入ると、下半身がブレるものなのです。右手は小指を上に向けて上げるようにしましょう。これにより、さらにスムーズに右手を使うことができます。

右手はただ回せばいいというわけではない。小指を上に向けて、小指でリードするように回してみよう。逆に親指でリードすると回しにくくなる

GOOD ◎AFTER　手を「パー」にし小指を上に向ける

右手を回す際、小指でリードしながら回せるようになった。上半身から力が抜け、下半身のブレを解消。キックの瞬間、バランスをうまく保てるようにもなった。このように効率よくボールを蹴る習慣をつけよう！

CHECK POINT

- フォロースルーで右側に着地しているか
- はじめはナナメから助走を取ってみる
- 右手を大きく上げる手の形はパーに
- ヒザ下をコンパクトにスイングする
- 足首がグラつかないように固定させる
- ボールを見るのは蹴る瞬間だけ
- 前傾姿勢にならず胸を張ったフォームに

1 対1でボールを奪いたいケースでも、両足が使えるとディフェンス力がアップします。一般的に右利きで左足に自信のない選手は、ボールを奪いに行く際も右足でプレーしようとします。相手に右足でしか取りに行けないことを悟られると、ボール奪取は非常に難しくなってしまいます。

向かい合っている選手が左足を使えないとなれば、ボールを持った選手は相手の左側から抜こうとするでしょう。左は苦手なので簡単に抜かれてしまうかもしれません。

では左足も使えるとどのような効果があるのか？ 非常にシンプルな答えになりますが、1本だった武器が2本に増えるということ。つまりディフェンス力が2倍に向上するのです。

相手はどちらの足で奪いに来るか予想することができなくなります。右足で行くとみせかけて左足、といったフェイントをディフェンス時に仕掛けることが可能となります。「両足キッカー」になると、DFとしてもプレーの幅が大きく拡がるのです。

Column.2
両足が使えると1対1のディフェンスが強くなる

両足で蹴れるようになれば、攻撃の幅が無限に拡がっていく。それと同時に、ディフェンス力も飛躍的に向上する。特に1対1という絶対に抜かれたくない場面。片足だけの選手ではあっさりと抜かれてしまうのだ。

実戦&応用編
両足キックが試合でどう役立つか検証!

MENU.1
ボールキープ時の視野とキックのコース

MENU.2
タッチライン際での前方&中央へのパス

MENU.3
左サイドでの縦突破&シュートのモーション

MENU.4
右サイドでの切り返しからの展開

MENU.5
クロスからのシュート・ニアへの走り込み

MENU.6
クロスからのシュート・ファーへの走り込み

MENU.7
自陣に戻りながらのディフェンス

MENU.8
クロスボールに対するディフェンス時の処理

実戦＆応用編●ポイント
両足で蹴れると実戦でどう役立つ？

練習で左足が蹴れるようになったら、次は試合の中でどうやって生かしていくかが大切。大事な場面ではつい得意な足に頼ってしまいがちだが、それがかえってミスを呼んでしまうこともある。状況に応じて左右の足を使い分けることで、攻撃時はチャンスを多く生み出し、ディフェンスではセーフティなプレーが可能となるのだ。左足が使えるとどのように有効になるのか、具体例を挙げてみよう。

オフェンスの場合…
相手DFに動きを読まれずチャンスを拡げよう！

■ 左足のキックを使ってチャンスを逃さずに打とう！

サッカーは必ず相手がいて、味方も常に動いているスポーツです。ですから、自分がボールを持っている時は、最善の選択を瞬時に行なう必要があります。「パスが出せたのに出せない」「シュートが打てるのに打てない」といったタイミングを逸したプレーは、チームにとって大きなマイナスになってしまいます。

このような現象は左足が苦手な選手に多く見られます。左足に自信がないため、右足に持ち換えている隙にDFに詰められてしまう。はたまた左足ならクロスを上げられるのに、右で上げようとして失敗する。両足で蹴ることができれば、このような場面で迷わず左足を使えるので、チャンスをどんどん生かすことができるのです。

実戦＆応用編では実際のゲームで起こりうるさまざまな場面を用意し、両足キックの有効性を説明します。両足を使った攻撃のテーマは「打てるときに打つ」。状況判断の早さは一流選手の条件でもあります。

スペースが空いている所へシュート！ チャンスを見極め、両足を有効に使おう

ディフェンスの場合…
失点につながるミスを減らすためにも両足が必要

両足キッカーならばセーフティ・プレーが可能

両足を自由自在に使えると、自分がディフェンスに回っても相手より優位な立場に立てる。これは攻撃の際にも言えることですが、右足しか使えないことが相手にバレてしまうと、プレーを読まれやすくなってしまいます。

ボールをキープしていても、右足で持つことを予測されてしまうので、ボールを奪われる可能性が高くなってしまいます。両足が使えれば、そんなリスクを回避できます。ディフェンスの基本はリスクを回避し、セーフティにプレーすることなのです。

ボールをクリアするプレーでも、左足が使えるか使えないかでリスクに雲泥の差が出ます。相手のFWは常にクリアミスやパスカットを狙っているので、もっとも確率の高いプレーを的確にチョイスしなければなりません。両足キッカーならば、それが可能となるのです。

相手はボールカットからのシュートを狙う。DFとして最善のチョイスは？

左からクロスが飛んでくる。どちらの足でクリアするのが安全性が高い？

両足が使えると……
攻撃のバリエーションが増え、守備ではリスクが軽減する

ここに注目！

P.60から実戦&応用プレーを紹介！ >>>

実戦&応用編 **MENU.1**

DVD収録

ボールキープ時の視野とキックのコース

両方の足で蹴れる選手はボールを身体の正面で保持することができる。そして、どちらのサイドへも瞬時にパスが可能。広い視野が保てるので、プレーの選択肢が右足のみの選手より多くなる。

パターン【1】 ボールを正面に置けば広い視野が保てる

ボールを正面に置いた場合

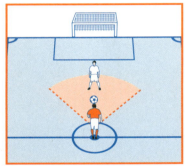

ボールを自分の正面に置くと視野が保ちやすい

ボールをナナメに置いた場合

ボールを右にズラすと視野も右に傾く

ボールを真ん中に置ければ、広い視野を確保することができる。日本では小野伸二選手がその代表例。しかし、右足でボールキープをすると図のように身体の向きがナナメに傾き左サイドへのパスが難しくなる

左サイドが死角になってしまう

右足でしか蹴れない選手は、ボールを常に右足でキープします。そのため、身体はやや右ナナメを向き、左サイドは「死角」になります。両方の足で蹴れる選手ならば、身体の正面にボールを置けます。これにより、左側の図のような広い視野を確保することができるのです。

左足でボールを保持した場合、身体は左ナナメを向く。相手DFは左サイドのみを警戒

実戦＆応用編　MENU.1　ボールキープ時の視野とキックのコース

パターン【2】 身体正面でのボールキープなら左右でのパスが選択可能

DFに予測されずにパスが出せる

ボールを身体の正面で保持。DFはどちらの足も警戒しなければならない

右サイドにパスコース。左足のインサイドならワンステップでキックできる

左足に自信があれば、迷わずパスを出すことができる

■左足が蹴れればワンステップで出せる

ボールを身体の正面でキープし、左右の足で蹴ることができれば、ワンステップで両サイドの味方にパスを送ることができます。どちらの足でも蹴れるので、相手DFはどちらのコースか限定ができません。しかし、右足でしか蹴れない選手は、ボールを右側に置くことでパスコースを読まれて相手DFに詰められてしまいます。

NG ボールを右側に置くと…

身体がナナメを向いてパスは右足でしか出せない　　右足を警戒していたDFにパスカットされる

POINT① 置き換えるとタイミングも遅れる

たとえボールを正面に置いても、左足で蹴れない選手が右足で蹴る場合は、一度ボールを右足に置き換えなければなりません。これではやはりパスを出すタイミングを逸して、相手DFに詰める時間を与えてしまいます。

実戦&応用編

MENU.2

タッチライン際での前方&中央へのパス

DVD収録

左サイドのタッチライン際でパスを受けた際のシチュエーション。前方にパスコースがあるが、右足パスではDFに詰められやすくなる。そこで左足のパスをチョイス。両足キックの差は歴然だ。

パターン【1】 右足だとパスカットかタッチラインを割る可能性大

左足ならパスコースが開いている

左サイドでパスを受ける。DFは右足を警戒したポジショニング

前方にコースが開いている。左足なら難なく通せる

前方の味方にパスが通る。これでチャンスが拡大！

左足なら難なくパス 右足はリスクが大きい

左サイドでボールを持ち、前方にパスを送りたい場面です。ここで左足のパスならば、難なくパスを通すことができます。しかし、無理に右足でパスを出そうとすると、相手DFに近い足でプレーをするためアタックされやすくなります。また、パスコースも狭くなるうえに右足ではボールにカーブがかかりやすく、ラインを割る可能性も高くなるのです。

NG パスをブロックされる
右足は相手に近い足のため、詰められるとパスをブロックされてしまう

NG ボールが外に出る
右足でのパスはコースも狭くカーブもかかりやすいので、ラインを割ってしまう可能性も高い

実戦&応用編　MENU.2　タッチライン際での前方&中央へのパス

パターン【2】 前方へのパスを警戒されたら中央へ左足でパス

左サイドでパスを受ける。相手DFは前方へのパスを警戒するようになり……

中央のケアではなく、DFが前方のスペースを塞ぎにくる

前方へのパスコースがDFに塞がれてしまった

ここで生きてくるのは左足。相手DFは前方へのパスと読んでいる……

そこで中央に走り込んできた味方にパス。見事にウラをかいた

左足が使えれば、右に持ち換えなくても中央へ正確なパスを出せる

相手のウラをかきフリー選手にパス

シチュエーションは同じく左サイドでパスを受けた場面。左足でも蹴れることを知った敵DFは、今度は前方のパスコースをケアしてきます。そこでチョイスしたいのが、グラウンド中央にいるフリーの選手へのパス。これも左足が使えれば、タイミングを逃さず瞬時に中央へパスを出せます。右足に持ち換えると、やはり相手DFに詰めさせる時間を与えてしまうのです。

POINT❶ 中央へのドリブルという選択肢も

相手が縦を切ってきた場合、中央へのパス以外にも選択肢はあります。前方へのパスと見せかけての、中央へのドリブルです。一度「左足が使える」ことを相手の脳裏に焼きつければ、このようにプレーの幅が拡がっていくのです。

一度前方へのパスを見せられたDFは縦をケア。中央へのパスだけでなく、自らドリブル突破を仕掛けることもできる

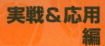

実戦&応用編

MENU.3

左サイドでの縦突破&シュートのモーション

タッチライン際から相手を置き去りにできる縦への突破。左足ならば、一気にシュートやクロスといったプレーを選択することができる。千載一遇のチャンスを逃さないためにも、左足が使えるのは重要なことだ。

DVD収録

パターン【1】 中央をケアする相手を縦に振り切ってシュート

左サイドでボールキープ。DFは中央へのドリブルやパスをケアしている

前方にスペースがあるので一気に突破。DFは意表をつかれ反応が遅れている

チャンスを逃さず、間髪いれずにシュートまで持っていく

突破することでシュートコースができる

左サイドでボールをキープ。相手DFはセオリー通り中央へのアプローチを警戒しています。DFが中を切るということは前方にスペースができるということ。そこで一気に縦へ突破します。ここで左足に自信があれば思い切り良く抜け出せます。そこでプレーを止めずに一気にシュートまで！ 右足のみの選手は一度ボールを持ち換えなければなりませんが、左足が使えれば一気にシュートチャンスにつながります。どんどんゴールを狙っていきましょう。

さらに応用 左をマークされたら中央へ

一度縦に突破するとDFは縦を警戒。そのまたウラをかいて中央へ

NG 左足で蹴れず追い込まれる

突破しても瞬時に左足で蹴れないと、DFに追いつく時間を与えてしまう

実戦&応用編　MENU.3　左サイドでの縦突破&シュートのモーション

右足に持ち替えず素早くクロスを上げる

左サイドでDFを振り切り、縦への突破に成功！

前方に大きく出たボールをそのまま左足でキックに

クロスを上げる時も右手が自然と使えるようにしよう

右足だけしか蹴れないと、ここで切り返すことになる

蹴り足を意識的に軸足方向に振り切るようにしよう

走りの勢いに負けず身体を残しながらキックできた

迷わずにクロスボールが上げられる

パターン1のような縦の突破からのシュートだけでなく、左足でそのままクロスを上げるプレーもチャンスを生み出せます。相手DFを振り切り、左サイドを突破。ここで右足でしかプレーできないと、クロスやシュートを打つタイミングを逸してしまうかもしれません。左足が使えると素早くクロスを上げるだけでなく、場合によっては、キープする余裕を生みます。

POINT!
右サイドで中央へ左足でのシュート

右サイドで1対1となった場合の選択肢。DFが縦突破を警戒していたら抜け出ると見せかけるフェイント。相手をかわすことができれば、写真のようにシュートコースが開けます。そこで思い切ってシュートを打つ。これも左足が使える利点です。

右サイドでは敵DFから遠い左足でのシュートが効果的。縦突破と思わせ、中へ思い切ってシュートだ！

実戦&応用編

MENU.4
右サイドでの切り返しからの展開

右サイドでプレーする際も、左足が使えるとさまざまな選択肢が生まれる。得点を演出するセンタリングも、相手DFの動きを見ながら、どちらの足で蹴るかを決断。プレーの幅が決定機を生み出せる。

右から左に持ち換えてセンタリングを上げる

左で上げると見せかけ再度、右でセンタリング

実戦＆応用編　MENU.4　右サイドでの切り返しからの展開

POINT1
プレー状況に応じて左右の足でセンタリング

右サイドをドリブルで上がりセンタリングを上げようとするシーン。両足が使えれば左足に持ち換えてセンタリングを上げたり、再び切り返して今度は得意な右足でのセンタリングを上げたりと状況に応じてプレーを選択することができます。

　右足しか使えない選手は左足でセンタリングを上げられないため、結果的にDFに追い込まれてしまうケースが多くあります。両足で蹴れないと、好機を潰すことになりかねないのです。

右足でのセンタリングを読まれたので、切り返し。しかし左足で蹴れないと相手に対応する時間を与えてしまう。結局ボールを上げられず、元の状態に戻る

右サイドをドリブル。右足でセンタリングを上げるモーションからそのウラをかいて切り返し。左足に自信があれば、間を置かずにすかさずセンタリングを上げることができる

パターン1のプレーでDFは切り返しも想定して守ってくる。そこで切り返して上げると思わせ、再び切り返してウラをかく。これでフリーの状態になり、本来、得意とする右足でセンタリングという最高の形ができる

実戦&応用編 | MENU.5

クロスからのシュート ニアへの走り込み

クロスボールに対してのシュートは非常に得点率の高い有効なプレーだ。まずはニアサイドでの対応。両足どちらのシュートも選択できれば、決定力も変わってくる。

左手でブロックしながら確実に決める

フェイントから後ろに下がってフィニッシュ

実戦&応用編　MENU.5　クロスからのシュート　ニアへの走り込み

POINT❶
ワンフェイント入れて
フリーの状態を作る

　ニアサイドに走り込み、右からのクロスに対する対応例を左右それぞれ挙げてみましょう。右足でシュートを狙う場合は、まず一歩でも速くボールに近づき相手を制することが大事です。タイミングよく走り込んで確実にゴールに流し込みましょう。左足で蹴る場合にもっとも有効なのが、ワンフェイントを入れて一歩後ろに下がり、スペースを作ってシュートを打つプレーです。フリーな状態で確実に決めることができます。

ニアサイドに走り込むのか、それともファーサイドなのか？　蹴るのは右足か左足か？　マンツーマンでマークされていても、駆け引きを楽しむ余裕が欲しい

ニアサイドに走り込んで右足でのシュートを選択。DFのマークは、自分の左手を使って制することができる。これでDFの足はボールに届かない。得意の右足で確実にボールをミートし、ゴールを決めよう

密着マークをしてくるDF。そこで一度、前に出るフェイントを入れてから急激に後ろに下がる。これでDFとの間に距離ができる。フリーの状態になるので、左足で楽々シュートを打つことが可能となる

69

実戦&応用編 MENU.6

クロスからのシュート
ファーへの走り込み

DVD収録

ファーサイドの場合も状況に応じて右足と左足を使い分ける。右足で蹴れれば問題はないが、左足でないと蹴りづらいボールが来ることもある。無理に右足で蹴ろうとすると……。

右足でのシュート
ボールに完全に追いついて回り込んでキック

左足でのシュート
右クロスには右足より左足の方が確実性あり

実戦＆応用編　MENU.5　クロスからのシュート　ファーへの走り込み

POINT❶
ボールとの距離感によって蹴り足を変える

　右から入ってきたクロスに対してファーサイドに走り込んでシュートを打つ場合、身体がボールに追いついていれば右足のシュートでOK。ただし、クロスのスピードが速く、身体が追いつかなかった場合、無理に右足で蹴ろうとするとつま先、アウトサイドなどミスの起きやすいキックになります。2006年W杯ドイツ大会での柳沢選手のシュートミスがこのパターンでした。右足が届かなくても、遠いほうの足、つまり左足ならばインサイドでも十分に決められます。

左足のインサイドなら確実に決められるのに、無理に右足アウトで打とうとして失敗。こんな時、両足キッカーであることの重要性を痛感する

右からのクロスボールでもボールに身体が十分追いついていれば、右足でのシュートが打てる。やや回り込む形でボールを受けながらインステップかインサイドで確実にシュートを決めたいところだ

右クロスに対しては遠い方の左足が角度的に有効となる。当然逆からのクロスでは反対となる。右足ならば速くて追いつけないボールでも、左足なら届くためシュートまで持っていける

実戦&応用編 **MENU.7**

自陣に戻りながらのディフェンス

DVD収録

ここからはディフェンス時に左足が使えると、どれだけプレーが効果的になるかを検証。自陣に戻りながらボールをキープしているが、背後から相手FWが迫っている。DFがとるべき安全なプレーとは？

左足が使えると… 相手の足が届かないところでボールキープができる

右足でのミス 右足キープで中央へ行くと奪われた際、ゴールに直結

右足で中央へボールを持ち込もうとすると……　　ボールを奪われた場合、相手に決定的なチャンスを作られる　　ゴールに近いところで奪われると失点のリスクが高まる

実戦&応用編　MENU.7　自陣に戻りながらのディフェンス

POINT!
DFはセーフティーな プレーを選択しよう

　ボールを保持し、DFとして自陣に戻りながら相手FWに追いかけられた時の対応です。フィールドの中央へボールを持ち込もうとすると、相手にボールを奪われた場合、ゴールに直結するミスになってしまいます。外側へ持って行こうとしても、右足でキープしていると、相手に近い足のため奪われるリスクを伴います。このような場面では、ボールを左足でキープし、なおかつフィールドの外側へボールを持ち込むのがもっともセーフティなプレーになります。

相手から遠い足でキープしているので、簡単に奪われることはない。また、右手を使って相手の動きをブロックすることもできる

これはセーフティにプレーしているパターン。フィールドの外側に向かっているので、自陣ゴールから遠ざかることに成功。さらに左足でキープしているので、足の届かない相手FWにボールを奪われにくい

右足でのミス
外へ行こうとしてもボールが相手に近いため奪われやすい

フィールドの外側へ行こうとするが、右足でボールをキープ

右足でキープすると、相手の足がボールに届いてしまう

ボールを奪われるリスクも高くなる。DFとして気をつけたいプレーだ

73

実戦&応用編

MENU.8
クロスボールに対するディフェンス時の処理

DVD収録

自陣の左から飛んできたクロスボールに対して、どのようなクリアやパスをするのが一番安全か？ ここは迷わず相手よりも先にボールをさわれる左足でクリア。左足が使えれば、1対1でも強さを発揮できる。

左足でのクリア — 相手をブロックしながら広いスペースにクリアできる

右足でのクリア — クリアのタイミングが遅れボールを奪われることも…

実戦＆応用編　MENU.8　クロスボールに対するディフェンス時の処理

POINT❶
左から来たボールは左足でクリアが基本

　相手FWをマンツーマンでマークしているシーン。自陣の左からクロスボールが飛んできた際の処理ですが、右足でクリアしようとするとタイミングが遅れてしまいます。確実なインサイドを使いたいのですが、右足ではクリアが左方向に限定され、インステップやアウトサイドではミスが起こりやすくなります。ここは相手から遠い方の足、左足のインサイドで確実にクリアするのが無難。左から来たボールを左足でクリアするのはディフェンスの基本とも言えます。

クリアする方向は前方、もしくは左サイドということになる。味方ゴールからいかにボールを遠ざけるかもDFに託された仕事なのだ

相手に身体を入れることで動きを封じる。これに左足でのクリアが加われば、まず相手にボールを奪われることはない。広く空いたスペースめがけてクリア、もしくは近くにいる味方にパスをしよう

相手の身体に近い右足でのクリアは危険。クリアボールが弾かれる、もしくはダイレクトでシュートを打たれる可能性も。右足のインサイドで蹴るとクリアする方向は左に限定されてしまう

実戦＆応用編●まとめ
両足で蹴れなければ
フェイントも決まらない

左足キックを覚えれば
ドリブルも生きてくる

ドリブルで相手をかわす際に用いる基本的なテクニックとしてフェイントがあります。このフェイントを仕掛ける場合でも、両足が蹴れるか否かで効果がまったく変わってきます。右利きの選手が右足でキックフェイントを仕掛ければ、DFはある程度引っ掛かるかもしれません。しかし、左足で蹴れない選手の左足でのキックフェイントには、まず引っ掛かってくれないでしょう。右手がまったく使えていないので、本当に蹴るように見えないのです。

左足で蹴れなければ、左足でフェイントを仕掛けることもできない。フェイントが右足だけに限定されればDFは非常に守りやすくなります。試合の局面を打開するドリブルを生かすためにも、左足のキックをマスターしましょう。

左足でのキックと見せかけ、ボールを止める。左側を切ろうとしたDFは……

右足に持ち換えてもついてくることができない。パスやシュートが難なく打てる

蹴れないのがバレてしまうと
フェイントは逆効果になります

引き出しを増やして
守りにくい選手になろう

状況に応じたプレーのためにも両足キックが必要

左足のキックが上達すれば、プレーの幅が2倍、3倍と拡がっていきます。しかし、苦手な足の上達をあきらめてしまうと、プレーヤーとしていつか壁に突き当たってしまいます。両足が蹴れないことで、試合で自分の理想とするプレーができなくなってしまうのです。

たとえば、相手ゴール付近でボールを保持した場合。左足のプレーならそのままゴールへ向かえるにもかかわらず、無理に右足でプレーしてしまったがためにシュート、センタリング（クロス）、パスのタイミングを逸し、チャンスを潰してしまうこともあります。

タイミングを逃してしまうと、相手DFに守備の修正をする時間を与えてしまうばかりか、味方の動きをも無駄にしてしまいます。また、ボールを奪われた時には相手にカウンターのチャンスを与えてしまうことにもなります。

両足でクオリティの高いキックが蹴れれば、ボールを持ち換えるなど無駄な動きが省けるので、シュート、センタリング（クロス）、パスのタイミングを逃すことはないのです。

相手に左足でも蹴れることを見せておくことも重要です。マークしている相手は右足だけでなく、左足の動きもケアしなければなりません。両足で蹴れれば、「守りにくい選手」と言われるようになるはずです。

NG 両足をうまく使えず攻撃が手詰まりになる

両足が使えるとパスや中への突破など選択肢が増える！

両足で蹴れず、センタリングやクロスのタイミングを逃すと、相手DFに簡単にマークされてしまう。状況を打開できず、攻撃は手詰まりとなる。両足が使えれば、タイミングを逃さないだけでなく、中央への突破などプレーの幅が拡がる

エピローグ

「両足キッカー」を目指すためのトレーニング法、実戦で生かしていくための応用プレーはいかがでしたか？ 苦手な足でのキックを克服するポイントをいくつか挙げてきましたが、理屈だけでサッカーはうまくなるものではありません。やはり、ボールを数多く蹴らなければ、せっかく自分に合ったフォームを見つけても、身体に染み込ませることはできません。右利きの選手ならば、左足でも右足と同じぐらいの量のキックを蹴る必要があります。左足で蹴る際に違和感を感じなくなったり、自然に強いボール、コントロールの良いボールが蹴れるようになれば、苦手な足に対するコンプレックスは消えているはずです。この本とDVDでマスターしたフォームやプレーをぜひとも実戦の中で試してみてください。日本中のサッカー選手、サッカー愛好家のみなさんが「両足キッカー」になる日が来ることを願ってやみません。

米山隆一

著者紹介

著者 **米山隆一**
よねやま　りゅういち
Ryuichi Yoneyama

1969年2月18日生まれ。東京都出身。
小学1年時から読売サッカークラブ（現東京ヴェルディ1969）一筋でプレーし、1991年、トップチームとプロ契約。日本リーグ最終年とJリーグ元年には、チャンピオンチームの一員としてプレーした。99年、サガン鳥栖で現役を引退。引退後は小中高と幅広い年齢層のほか、日テレ・ベレーザで女子選手も指導し、多くの代表選手を育成する。東京ヴェルディ1969の普及コーチを経て、2007年から九州共立大学サッカー部監督に就任。2011〜12年に国体女子福岡県代表監督、2015〜16年にデンソーカップの九州大学選抜監督を歴任。衛星放送「スカパー！」のJリーグ中継ではギラヴァンツ北九州のゲーム解説を担当する。

衣装協力
株式会社ナイキジャパン

フットサル&サッカー 1週間で右も左も自由自在 両足キッカーを目指せ!! 改訂版

2016年2月25日 初版第1刷発行

編集・構成●	高野成光
写真●	真崎貴夫／高橋 学
デザイン●	五十嵐直樹／雨奥崇訓
DTP●	タクトシステム株式会社
DVD制作●	株式会社タイムラインピクチャーズ
映像撮影●	有限会社スーパーボム
DVDオーサリング・DVDプレス●	株式会社ピコハウス
撮影協力●	株式会社ナイキジャパン 東京ヴェルディ1969
著者●	米山隆一
発行者●	滝口直樹
発行所●	株式会社 マイナビ出版 〒101-0003 東京都千代田区一ツ橋2-6-3 一ツ橋ビル 2F 電話　0480-38-6872【注文専用ダイヤル】 　　　03-3556-2731（販売） 　　　03-3556-2735（編集） URL　http://book.mynavi.jp
印刷・製本●	大日本印刷株式会社

※本書は、2009年に株式会社マイナビより発行された
『フットサル&サッカー 1週間で右も左も自由自在 両足キッカーを目指せ!! 新版』に
一部修正を加えた再編集版です。
※定価はカバーに記載してあります。
※乱丁・落丁本はお取替えいたします。乱丁・落丁本についてのお問い合わせは、
TEL：0480-38-6872【注文専用ダイヤル】、または電子メール：sas@mynavi.jpまで
お願いします。
※本書について質問等がございましたら (株)マイナビ出版
編集第2部まで返信切手・返信用封筒をご同封のうえ、
封書にてお送りください。お電話での質問は受け付けておりません。
※本書は著作権法上の保護を受けています。本書の一部あるいは全部について、
発行者の許諾を得ずに無断で複写、複製（コピー）することは禁じられています。

©Ryuichi Yoneyama
©Mynavi Publishing Corporation
Printed in Japan

ISBN978-4-8399-5879-4　C0075